Es ist wieder soweit! Der Osterhase steht schon in den Startlöchern, um all die bunten Eier zu verteilen.

Helfen Sie mit und dekorieren Sie Ihr Zuhause in frühlingsfrischen Farben, mit vorwitzigen Küken, frechen Hühnern, niedlichen Osterhasen und bunten Eiern aus Papier. Rund um das Thema Ostern finden Sie in diesem Buch eine anregende vielfältige Auswahl an Bastelideen zum Dekorieren von Wand, Tisch und Fenster. Oder möchten Sie Ihren Herzensmenschen durch eine kleine Aufmerksamkeit eine Freude bereiten? Hier ist sicher für jeden etwas dabei.

Viel Spaß beim Basteln, Dekorieren und Verschenken!

Heike Roland   Stefanie Thomas

Lolly-Figuren

Hase und Huhn

MATERIAL

- je 1 Lolly, C ca. 2,5–3 cm
- Reste Tonkarton in Weiß, Rot, Dunkelbraun, Orange und Gelb mit weißen Tupfen
- Pompon in Rot, ø 7 mm
- Heißkleber

VORLAGEN

Vorlagenbogen A

1 Übertragen Sie alle Vorlagenteile mithilfe von Transparentpapier auf Tonkarton und schneiden Sie alle Teile aus (siehe So wird's gemacht)

2 Die Augen und Linien mit Fineliner und Lackmalstift auftragen.

3 Alle Teile für die Gesichter gemäß Vorlage zusammensetzen und beim Hasen mit dem Heißkleber den Pompon als Nase fixieren.

4 Den Lolly mit Heißkleber auf den Füßen fixieren. Dabei darauf achten, dass der Stiel gerade steht.

5 Den Kopf oberhalb des Lollys am Stiel ebenfalls mit Heißkleber befestigen.

Unser Tipp für Sie

Für eine lustige Oster-Kaffee-Tafel basteln Sie für jeden Gast eine Figur (Sie können dafür auch die Köpfe von Blumenstecker-Parade (Seite 16) oder Osterschmuck in 3D (Seite 22) verwenden). Schreiben Sie Schildchen mit den jeweiligen Namen und platzieren Sie sie auf den Füßen der süßen Figuren.

Buntes Vogelhaus

Einfach mal abhängen!

MATERIAL

- 1 kleines Vogelhaus in Weiß mit Herz-Guckloch, ca. 8,5 cm hoch und 7,5 cm breit, 5,5 cm tief
- Reste Tonkarton in Weiß, Apricot, Petrol, Grün, Gelb, Orange, Bordeaux und Rot kariert
- 4 schwarze Federn mit roten Punkten
- 5 Perlen in Rot, ø 9 mm
- Streublümchen in Rosa, ø 18 mm
- Holzkäfer, ca. 12 mm lang
- Reste Schnur in Rot-Weiß
- Fineliner in Schwarz
- Lackmalstift in Weiß, ø 0,8 mm
- Heißkleber

VORLAGEN
Vorlagenbogen B

1 Übertragen Sie alle Vorlagenteile mithilfe von Transparentpapier auf Tonkarton und schneiden Sie alle Teile aus (siehe So wird's gemacht). Überprüfen Sie dabei, ob der Winkel des „Vogelspagats" mit dem Winkel des Hausdachs übereinstimmt und passen Sie ihn gegebenenfalls an.

2 Die Linien und Augen mit Fineliner und die Lichtpunkte mit Lackmalstift auftragen.

3 Die Augen und Schnäbel und bei Karlsson auf dem Dach ebenfalls die Beine am Körper fixieren. Die Federn mit Heißkleber an der Rückseite der Köpfe befestigen und dabei die Federn, wenn nötig, kürzen.

4 Die Schnur am Vogelhaus befestigen und die Vögel darauf mit Heißkleber fixieren. Blümchen und Käfer ebenfalls aufkleben. Orientieren Sie sich dabei am Foto.

5 Den kleinen Vogel von innen gegen das Herzchen-Fenster kleben, sodass er frech herausschaut.

6 Karlsson mit Heißkleber auf dem Dach fixieren. Dabei auch den Aufhängefaden an seinem Rücken befestigen.

Unser Tipp für Sie

Wenn die Vögel als Mobile hängen sollen, d.h. wenn sie von allen Seiten zu sehen sind, empfiehlt es sich, je ein Rückenteil spiegelverkehrt zuzuschneiden und von hinten zu fixieren.

Wimpel-Girlande

macht Osterlaune

MATERIAL

- Tonkarton Uni in Rosa, Grün, Petrol und Lila, je 20 cm x 20 cm
- Tonkarton Gemustert in Rosa-Blockstreifen, Lila-Blockstreifen, Grün-Polkadots und Blau-Polkadots, je 20 cm x 20 cm
- Reste Tonkarton in Weiß, Beige, Hellbeige, Gelb, Lila, Weiß, Weiß mit bunten Tupfen, Türkis Glitzer, Türkis mit weißen Blümchen, Türkis-Weiß kariert, Türkis Metallic, Türkis Wellenmuster und Orange mit weißen Punkten
- Velourpapierrest in Grün
- Blumenknopf in Weiß, ø 18 mm
- Margerite in Pink, ø 30 mm
- Holz-Marienkäfer, 12 mm lang
- je 2 Halbperlen in Schwarz, ø 3 mm und 4 mm
- 1 Pompon in Pink, ø 6 mm
- Satinband in Pink, 4 mm breit, ca. 1,50 m lang
- Fineliner in Schwarz
- Lackmalstift in Weiß, ø 0,8 mm
- doppelseitiges Klebeband, 4 mm breit
- Heißkleber
- Wellenschere

VORLAGEN
Vorlagenbogen B

1 Übertragen Sie alle Vorlagenteile mithilfe von Transparentpapier auf Tonkarton bzw. Velourpapier und schneiden Sie alle Teile aus (siehe So wird's gemacht). Dabei die großen Wimpelteile an den beiden unteren Kanten mit der Wellenschere zuschneiden.

2 Die kleinen Wimpelteile so auf die großen Wimpelteile kleben, dass die oberen Kanten übereinander liegen.

3 Mit dem Fineliner gestrichelte Linien auf die kleinen Wimpelteile zeichnen. Orientieren Sie sich hierfür am Bild.

4 Blauer Wimpel: Das Karottengrün aufkleben und die Karotte darüber platzieren.

5 Lilafarbener Wimpel: Die Ohrinnenflächen und die weiße Augenfläche auf das Hasengesicht kleben, das Hasengesicht mit Fineliner gemäß Vorlage zeichnen. Konturieren Sie mit passenden Buntstiften das Hasengesicht und malen Sie die Bäckchen auf. Den Körper aufkleben und den Kopf und das Herz gemäß Vorlage platzieren. Die Halbperlen als Augen fixieren und mit Heißkleber den Pompon als Nase befestigen. Verzieren Sie mit dem Lackmalstift das Herz gemäß Foto.

6 Rosafarbener Wimpel: Das Osterei gemäß Vorlage zusammensetzen und auf den Wimpel kleben. Den Käfer und die Blume mit Heißkleber fixieren.

7 Grüner Wimpel: Das Huhn aufkleben und die weiße Augenfläche, den Schnabel und die Eier gemäß Vorlage platzieren. Die Blüte mit Heißkleber fixieren. Die Halbperlen als Augen aufkleben.

8 Fixieren Sie die Wimpel mithilfe des doppelseitigen Klebebands auf dem Satinband.

Unser Tipp für Sie

Basteln Sie viele Wimpel in beliebigen Farbkombinationen und dekorieren Sie mit dieser Wimpelgirlande Ihre Lieblingsplätze in der Wohnung.

Hasen am Fenster

haben den vollen Durchblick

MATERIAL

- Tonkarton in Beige, A4
- Reste Tonkarton in Weiß, Dunkelbraun, Hellgrün, Türkis (Ohrinnenfläche Hase mit Sonnenbrille), Dunkellila (Nase Hase mit Sonnenbrille), Schwarz, Pink Glitzer, Pink Metallic, Türkis Metallic, Pink getupft, Weiß, Grün mit weißen Punkten, Gelb mit weißen Punkten, Rosa-Pink getupft, Grünblau-Weiß kariert, Pink mit weißen Punkten, Pink mit Herz und Spiralmuster, Weiß mit bunten Punkten, Pink mit rosa Blümchen, Pink-Rosa gestreift, Gelb-Weiß kariert, Rot mit Blumenmuster, Rot mit weißen Punkten, Orange mit weißen Punkten, Gelb mit rotem Kreismuster, Pink-Rosa-Gelb-Weiß kariert und Blau mit Blümchenmuster
- Kartonstreifen Rot-gestreift, 5,5 cm breit, in der Länge der Fenstergröße anpassen – ggf. zusammensetzen
- 2 Pompons in Rot, ø 6 mm
- 1 Holzblume in Rosa, ø 18 mm
- 1 Mini-Herzknopf in Weiß, ø 6 mm
- 6 Halbperlen-Augen in Schwarz, ø 4 mm
- 2 Halbperlen-Augen in Schwarz, ø 3 mm
- Knopf mit Öse Sonnenbrille, 2,5 cm breit (Öse vorsichtig mit einer Zange entfernen)
- Rest Satinband in Pink, 3 mm breit
- Pfeifenputzer in Grün/Schwarz, ca. 10 cm lang
- Streuteil Schmetterling in Türkis-Beige, ca. 2 cm breit
- Fineliner in Schwarz
- Lackmalstift in Weiß, ø 0,8 mm
- Heißkleber

VORLAGEN
Vorlagenbogen B

1 Übertragen Sie alle Vorlagenteile mithilfe von Transparentpapier auf Tonkarton und schneiden Sie alle Teile aus (siehe So wird's gemacht).

2 Die unifarbenen Teile mit Buntstiften schattieren und die Linien mit Fineliner auftragen. Orientieren Sie sich dabei am Foto.

3 Hasen: Die Köpfe auf den jeweiligen Körpern und die Kleidung gemäß Abbildung und Vorlage befestigen. Die weißen Augenflächen, die Nasen, den Mund und die Ohrinnenflächen entsprechend fixieren. Die Halbperlen und sonstige Verzierungen gemäß Foto anbringen. Setzen Sie das Nest gemäß Vorlage zusammen und fixieren Sie es auf dem Kopf des braunen Hasen.

4 Die beiden Blumentöpfe zusammensetzen.

5 Vogel: Schneiden Sie zwei Schlitze für die Beine gemäß Vorlage mit dem Cutter ein. Schieben Sie die Beine von vorne nach hinten durch und kleben Sie sie auf der Rückseite des Vogels fest. Die Augen, den Schnabel und die Halbperlen anbringen und den Vogel auf dem Blumentopf fixieren. Das Satinband um den Topf binden und festkleben.

6 Blume: Die Scheiben für die Blume nacheinander zusammenkleben. Orientieren Sie sich dabei am Foto. Den Pfeifenputzer mit Heißkleber als Blumenstängel auf der Rückseite der Blume und des Blumentopfs und die Blätter am Stängel gemäß Abbildung fixieren. Den Schmetterling auf die Blume kleben.

7 Setzen Sie die beiden Libellen gemäß Vorlage zusammen, zeichnen Sie die Augen mit Fineliner auf und fixieren Sie mit Heißkleber den Pompon als Nase.

8 Kleben Sie alle Einzelmotive auf die Rückseite des Papierstreifens und passen Sie dabei das Fensterbild an die Größe Ihres Fensters an. Die Libellen je nach Lust und Laune separat am Fenster fixieren.

Eierkorb

mit Hühnern

MATERIAL

- Tonkarton in Korb-Optik in Weiß, 50 cm x 40 cm
- Reste Tonkarton in Weiß, Gelb, Orange, Petrol, Pink Glitzer, Petrol mit weißen Punkten, Rosa mit pinkfarbenen Punkten, Lila mit fliederfarbenen Punkten, Pink-Rosa gestreift, Lila mit fliederfarbenen Blumen, Rot mit weißen Punkten, Orange mit weißen Punkten und Gelb mit weißen Punkten, Weiß mit bunten Punkten, Weiß mit Orange und pinkfarbenen Blumen, Blau mit hellblauen Punkten, Pink mit weißen Punkten, Rosa mit hellrosa Punkten
- Reste Prägekarton in Lila und Hellblau mit Punkten
- Rest Velourspapier in Gelb
- Rest Transparentpapier
- Blume in Pink, ø 7 cm
- Kinderpinsel in Blau, ca. 14 cm lang
- Fineliner in Schwarz
- Lackmalstift in Weiß, ø 0,8 mm

VORLAGEN
Vorlagenbogen B

1 Übertragen Sie alle Vorlagenteile mithilfe von Transparentpapier auf Tonkarton und schneiden Sie alle Teile aus (siehe So wird's gemacht).

2 Die unifarbenen Motivteile und die Korbteile mit Buntstiften schattieren und die Linien und Augen mit Fineliner und Lackmalstift auftragen. Die Bienenstreifen mit Fineliner malen. Orientieren Sie sich dabei jeweils am Foto und an den Vorlagen.

3 Kleben Sie die Hühner aus den jeweiligen Einzelteilen gemäß Vorlage zusammen.

4 Fixieren Sie gemäß Vorlage den Korbrand auf dem Korb und die Eier im Korb. Kleben Sie das gelbe Huhn so von hinten an den „Eierhaufen", dass die Flügel auf den jeweiligen Eiern liegen. Den Korb von vorne auf den Eiern fixieren.

5 Die weißen Hühner und Eier auf dem Korb befestigen. Orientieren Sie sich dabei an der Vorlage.

6 Den Pinsel und das Flügelteil des linken Huhns mit Heißkleber auf dem Hühnerflügel befestigen.

7 Biene: Die Flügel von hinten am Bienenkörper fixieren und die Biene passend zu den aufgezeichneten Fühlerlinien auf den Korbrand kleben.

8 Die Blume mit Heißkleber am linken Korbrand fixieren.

Küken-Trio

hat Flausen im Kopf

MATERIAL

- Tonkarton in Gelb, 30 cm x 20 cm
- Reste Tonkarton in Weiß, Weiß mit bunten Tupfen, Orange mit weißen Tupfen, Lila mit Blümchen, Bunt gestreift, Pink mit Blümchen, Grün mit weißen Spiralen und Petrol mit Zacken
- 1 Pompon in Pink, ø 7 mm
- 6 Halbkugelperlen in Schwarz, ø 4–5 mm
- 1 Holz-Blümchen in Grün, ø ca. 25 mm
- Fineliner in Schwarz
- Heißkleber

VORLAGEN
Vorlagenbogen A

1 Übertragen Sie alle Vorlagenteile mithilfe von Transparentpapier auf Tonkarton und schneiden Sie alle Teile aus (siehe So wird's gemacht).

2 Das gelbe Hühner-Teil entlang der Falzlinie (zwischen den einzelnen Hühnern) falten. Fahren Sie hierfür mit der Rückseite des Cutters an der entsprechenden Stelle vorsichtig und mit wenig Druck an einem Lineal entlang. So lässt sich der Karton leicht falten und Sie erhalten schöne und gerade Kanten.

3 Die Linien für die Augenbrauen mit Fineliner zeichnen.

4 Die weißen Augen und anschließend die Halbkugelperlen aufkleben. Die Schnäbel und danach die bunten Bäuche auf den Hühnern befestigen. Gemäß Vorlage das Herz und die beiden Ostereier auf den Hühnerbäuchen platzieren.

5 Zum Schluss fixieren Sie noch das Holz-Blümchen und darauf den Pompon mit Heißkleber.

Hasentreffen

mit Herzballon

MATERIAL

- Kartonstreifen 40 x 5 cm in Grün-lila gestreift
- Tonkarton in Mittelgrün gemustert und Hellgrün Polkadots, je A4
- Reste Tonkarton in Weiß, Beige (Hase), Gelb, Grün, Flieder, Hellblau, Rot, Petrol, Pink Glitzer, Türkis Glitzer, Grün mit hellgrünen Punkten, Weiß mit bunten Punkten, Weiß mit pinkfarbenen Blumen, Orange mit weißen Punkten, Orange-Weiß kariert, Pink mit weißen Tupfen, Rot-Weiß kariert, Rot gemustert, weiß mit blauen Wellenmuster, Rosa mit hellrosa Tupfen und Türkis-Weiß kariert
- 2 Knöpfe in Rosa mit Blüte, 11 mm (Hosenknöpfe)
- 5 Knöpfe, verschiedene Farben und Formen, je ca. 5 mm
- Herzknopf in Pink, 1x ø 2 cm
- Holzkäfer, ca. 12 mm lang
- Reste Schnur in Rot-Weiß
- Rest Satinband in Rosa, 3 mm breit
- Pompon in Braun, ø 15 mm
- je 1 Pompon in Rot und Rosa, ø 10 mm
- Fineliner in Schwarz
- Lackmalstift in Weiß, ø 0,8 mm
- Heißkleber
- 3D-Klebe-Pads

VORLAGEN
Vorlagenbogen A

1 Übertragen Sie alle Vorlagenteile mithilfe von Transparentpapier auf Tonkarton und schneiden Sie alle Teile aus (siehe So wird's gemacht). Dabei das große Glitzerherz mit einer Wellenschere ausschneiden.

2 Die unifarbenen Teile mit Buntstiften schattieren und die Linien mit Fineliner auftragen.

3 Die drei Büsche gemäß Vorlage als Hintergrund zusammenkleben.

4 Die blauen Hasen und die Eier nacheinander auf den Büschen fixieren.

5 Die Blumen und den Blumentopf gemäß Abbildung zusammensetzen auf den Hintergrund kleben. Orientieren Sie sich dabei auch an der Abbildung. Eine Schleife aus dem Satinband binden. Fixieren Sie mit Heißkleber die Knöpfe und den Käfer auf den Blumen und die Schleife auf dem Blumentopf.

6 Ein Stück Schnur an die beiden kleinen Luftballons binden und ebenfalls auf die Hintergrundbüsche kleben. Dafür am besten 3D-Klebe-Pads verwenden.

7 Kleben Sie den Kartonstreifen gemäß Vorlage an der unteren Kante auf die Szene.

8 Für den großen Hasen die Hosenträger und die Tasche auf der Hose aufkleben und die Knöpfe mit Heißkleber fixieren. Die Hose auf den Körper kleben. Unterhalb der Mundlinie einen ca. 1 cm langen Schnitt mit dem Cutter schneiden, die Zähne von vorne nach hinten durchschieben und auf der Rückseite des Kopfes befestigen. Den Kopf auf den Körper fixieren. Nun können Sie den kompletten Hasen gemäß Vorlage aufkleben.

9 Alle Augen aufkleben und die Pompons mit Heißkleber fixieren. Orientieren Sie sich dabei am Foto.

10 Für den Herzballon das getupfte Herz auf das Glitzerherz kleben. Ein Stück Schnur mit Heißkleber von hinten auf der Rückseite befestigen, Herz mit 3D-Klebe-Pads auf der Szene fixieren. Fixieren Sie zum Schluss mit Heißkleber die Hand des Hasen zusammen mit der Schnur des Herzballons am Arm.

Unser Tipp für Sie

Sie können den unteren Streifen mit „Komm rein" oder „Frohe Ostern" beschriften. Dann haben Sie ein tolles Türschild!

Blumenstecker-Parade

im Osterkleid

MATERIAL

- Reste Tonkarton in Weiß, Orange, Grün, Weiß-bunt kariert, Bunt geringelt und Weiß mit bunten Punkten
- Schaschlikspieße
- Organza-Band in verschiedenen Farben, 7 mm
- Holzstreuteile Blumen in Rosa, Rot und Weiß, ø ca. 2–2,5 cm
- Mini-Knöpfe Herz in verschiedenen Farben, ø 5 mm
- Holzhalbkugeln, ø 24 mm
- Fineliner in Schwarz
- Lackmalstift in Weiß, ø 0,8 mm
- Heißkleber

VORLAGEN
Vorlagenbogen B

1 Übertragen Sie alle Vorlagenteile mithilfe von Transparentpapier auf Tonkarton und schneiden Sie alle Teile aus (siehe So wird's gemacht).

2 Die unifarbenen Motivteile mit Buntstiften schattieren und die Linien mit Fineliner auftragen.

3 Kleben Sie die weißen Augenteile auf den Frosch und die Karotte und malen Sie Pupillen mit Fineliner und Lichtpunkte mit weißem Lackmalstift auf.

4 Schaschlikspieße auf der Rückseite der Motive mit Heißkleber fixieren. Die Bänder an den Spießen zu Schleifen binden. Ebenfalls mit Heißkleber die Mini-Knöpfe auf den Blümchen fixieren und anschließend die Stecker mit den Blümchen verzieren.

Unser Tipp für Sie

Die Blumenstecker in Holzhalbkugeln stecken und mit Namensschild versehen. So können Sie sie z. B. als Tischkärtchen verwenden.

Hasenschachtel

ein echter Querkopf

MATERIAL

- Tonkarton in Dunkelbraun, A4
- Reste Tonkarton in Weiß und Weiß mit bunten Punkten
- Pompon in Pink, ø 10 mm
- Holz-Herz in Pink kariert, 4 cm lang
- Fineliner in Schwarz
- Lackmalstift in Weiß, ø 0,8 mm
- Heißkleber

VORLAGEN

Vorlagenbogen B

1 Übertragen Sie alle Vorlagenteile mithilfe von Transparentpapier auf Tonkarton und schneiden Sie alle Teile aus (siehe So wird's gemacht).

2 Das große Hasenteil für die Verpackung an den in der Vorlage markierten Linien falten. Fahren Sie hierfür mit der Rückseite des Cutters die Linien vorsichtig und mit wenig Druck entlang eines Lineals nach. So lässt sich der Karton leicht falten und Sie erhalten schöne und gerade Kanten.

3 Die Pupillen und Augenbrauen mit Fineliner gemäß Vorlage aufzeichnen und die Lichtpunkte mit Lackmalstift in die Pupillen tupfen.

4 Die Ohrinnenflächen auf die Ohren und die Augen auf das Gesicht kleben. Die Zähne von hinten an der Rundung des Hauptteils und die Ohren von hinten am Kopf festkleben. Den Pompon als Nase mit Heißkleber fixieren. Orientieren Sie sich dabei jeweils an der Vorlage.

5 Ein kleines Ostergeschenk, z. B. eine Tüte voller Schokolinsen auf dem Boden der Box platzieren, die Lasche mit doppelseitigem Klebeband auf dem vorderen Teil der Box und das Holz-Herz gemäß Abbildung aufkleben.

Unser Tipp für Sie

Helfen Sie dem Osterhasen! Basteln Sie die Hasen in vielen verschiedenen Farben und verschenken Sie sie an Ihre Familie und die liebsten Freunde.

Liebe Grüße

ENTlich Ostern!

MATERIAL

- Tonkarton in Grün gezackt, 24 x 17 cm
- Reste Tonkarton in Weiß, Rosa, Orange, Pink und Gelb mit weißen Tupfen
- 3D-Klebe-Pads
- Fineliner in Schwarz und Pink
- Lackmalstift in Weiß, ø 0,8 mm
- Wellenschere

VORLAGEN
Vorlagenbogen A

1 Übertragen Sie alle Vorlagenteile mithilfe von Transparentpapier auf Tonkarton und schneiden Sie alle Teile aus (siehe So wird's gemacht). Den grünen Karton für die Karte mit der Wellenschere zuschneiden.

2 Die Karte in der Mitte falten. Fahren Sie hierfür mit der Rückseite des Cutters an der entsprechenden Stelle vorsichtig und mit wenig Druck an einem Lineal entlang. So lässt sich der Karton leicht falten und Sie erhalten schöne und gerade Kanten.

3 Augen, Linien und Beschriftung vom Mini-Briefumschlag mit Feinliner bzw. Lackmalstift gemäß Vorlage auftragen.

4 Die weißen Augen und den Schnabel auf dem Kopf und anschließend den Kopf der Ente auf dem Körper befestigen. Nun die Ente und die Füße auf der Karte fixieren. Orientieren Sie sich dabei an der Vorlage. Zum Schluss befestigen Sie noch mit Klebe-Pads den Mini-Umschlag auf dem Bauch der Ente und darüber die Flügel.

Osterschmuck

in 3D

MATERIAL

- Reste Tonkarton in verschiedenen Mustern (jeweils 6 Teile pro Ei)
- Rest Velourspapier in Gelb
- Rest Tonkarton in Orange
- 2 Mini-Wackelaugen, ø 4 mm
- Mini-Glöckchen, ø 8 mm, je 1 Glocke pro Ei
- Perle in Rot, ø 9 mm, je 1 Perle pro Ei
- Streuteil Holz Schmetterling, ø ca. 3,5 cm lang
- Faden zum Aufhängen

VORLAGEN

Vorlagenbogen A

1 Übertragen Sie alle Vorlagenteile mithilfe von Transparentpapier auf Tonkarton bzw. Velourpapier und schneiden Sie alle Teile aus (siehe So wird's gemacht). Für das Huhn das Kopf-Teil 2x ausschneiden (1x gegengleich).

2 Für die Aufhängung einen Faden mit einer Länge von ca. 60 cm abschneiden. Ein Glöckchen auffädeln, mittig auf dem Faden platzieren und die Fäden oberhalb des Glöckchens verknoten.

3 Alle Eier-Teile entlang der vorgesehenen Falzlinie falten. Fahren Sie hierfür mit der Rückseite des Cutters die Linie vorsichtig und mit wenig Druck entlang eines Lineals nach. So lässt sich der Karton leicht falten und Sie erhalten schöne und gerade Kanten. Falten Sie die Eier-Teile so, dass die später sichtbare Seite der Teile innen liegen.

4 Pro Ei werden 6 Eier-Teile benötigt. Kleben Sie nun die rechte Rückseite des ersten Teils mit der linken Rückseite des zweiten Teils zusammen, anschließend die rechte

Rückseite des zweiten Teils mit der linken Rückseite des nächsten Teils usw., bis Sie alle 6 Teile aneinandergeklebt haben. Bevor Sie das 6. mit dem 1. Teil verbinden, legen Sie den Aufhängefaden so in das Ei, dass das Glöckchen direkt unter dem Ei hängt. Jetzt die letzten beiden Eierflächen zusammenkleben. Eine Perle über die beiden Fäden fädeln und mit Heißkleber am Ei fixieren.

5 Ei mit Hühnerkopf: Fixieren Sie die Wackelaugen und den Schnabel auf einem Hühnerkopf. Nun kleben Sie die beiden Hühnerkopf-Teile oberhalb der Perle aneinander und legen dabei den Aufhängefaden mittig dazwischen.

6 Ei mit Schmetterling: Den Schmetterling mit etwas Abstand zum Ei auffädeln und gegebenenfalls mit Kleber fixieren.

7 Nun verknoten Sie die Aufhängefäden und dekorieren mit den hübschen 3D-Eiern Ihren Osterstrauß.

Unser Tipp für Sie

Die Köpfe der Blumenstecker-Parade (Seite 16) und Lolly-Figuren (Seite 2) können Sie, wie oben beschrieben, ebenfalls an den 3D-Eiern befestigen – fertig ist die Osterbande!

Küken im Schafspelz

machen Osterparty

MATERIAL

- Tonkarton in farbiger Holz-Optik, 45 x 40 cm
- Tonkarton in Grün geprägt mit Punkten, 45 x 15 cm
- Tonkartonstreifen mit Tulpen, 45 x 2,5 cm (alternativ auch Washitape möglich)
- Reste Tonkarton in Weiß, Hellgelb, Gelb, Beige, Rosa, Pink, Blau, Gelb Polkadots, Rosa mit hellrosa Punkten, Pink mit rosafarbenen Blumen, Rosa-Pink gestreift, Türkis mit weißen Punkten, Gelb mit weißen Tupfen, Pink metallic, Türkis Glitzer
- Velourskarton in Weiß, DinA4 und Rest in Gelb
- 2 Holz-Streuteile weiße Blüte, ø ca. 5,5 x 4,5 cm
- 4 Halbperlen in Schwarz, ø 5 mm
- Heißkleber

VORLAGEN
Vorlagenbogen A

1 Übertragen Sie alle Vorlagenteile mithilfe von Transparentpapier auf Tonkarton bzw. Velourpapier und schneiden Sie alle Teile aus (siehe So wird's gemacht). Die Einschiebeschlitze für die Küken gemäß Vorlage mit dem Cutter in das Schaffell schneiden.

2 Den grünen Streifen für den Boden auf dem „Holz-Hintergrund" befestigen.

3 Schattieren Sie die unifarbenen Teile mit Buntstiften und tragen Sie die Linien und Augen der Küken mit Fineliner bzw. Lackstift auf.

4 Alle Figuren zusammensetzen. Die Küken von vorne durch das Schaffell schieben bzw. oben am Schaf platzieren und auf der Rückseite festkleben. Orientieren Sie sich dabei jeweils an den Vorlagen bzw. der Abbildung.

5 Das Schaf und das Küken im Ei auf dem Hintergrund oberhalb der grünen Fläche gemäß Vorlage fixieren. Nun den Tonkartonstreifen mit den Tulpen auf den Übergang vom Boden zum Hintergrund kleben.

6 Befestigen Sie nun das große Huhn und die Eier gemäß Vorlage und fixieren Sie die Blumen gemäß Foto mit Heißkleber.

Unser Tipp für Sie

Befestigen Sie ein rechteckiges Schild in Holz-Optik mit dem Schriftzug „Welcome" unter diesem Motiv und schon haben Sie ein sehr einladendes Welcome-Schild für Ihre Wohnungstür!

Strohe Ostern!

Osterparty im Stroh

MATERIAL

- Tonkarton in Heu-Optik, 35 x 25 cm
- Reste Tonkarton in Weiß, Gelb, Orange, Dunkelbraun, Petrol, Weiß mit orangefarbenen Punkten, Orange mit weißen Punkten, Weiß mit petrolfarbenen Punkten, Petrol mit weißen Punkten, Petrol-weiß gestreift, Petrol-weiß gezackt, Petrol-weiß kariert
- 10 Federn in Petrol und Orange mit Punkten
- Fineliner in Schwarz
- Lackmalstift in Weiß, ø 0,8 mm

VORLAGEN
Vorlagenbogen B

1 Übertragen Sie alle Vorlagenteile mithilfe von Transparentpapier auf Tonkarton und schneiden Sie alle Teile aus (siehe So wird's gemacht). Den Heu-Karton eventuell mit einer unregelmäßig gezackten Schere zuschneiden.

2 Die unifarbenen Teile mit Buntstiften schattieren und die Linien und Augen mit Fineliner bzw. Lackmalstift auftragen.

3 Augen und Schnäbel gem. Vorlage auf die Hühner kleben und die Federn an der Rückseite der Köpfe fixieren. Dabei die Federn, wenn nötig, etwas kürzen.

4 Für den Hasen zuerst den Kopf auf dem Bauch und dann das Ei darüber befestigen. Die weißen Augen aufkleben und anschließend den Pompon als Nase mit Heißkleber fixieren.

5 Den Hühnerauflauf nacheinander zusammenkleben. Orientieren Sie sich dabei an der Vorlage bzw. der Abbildung, beginnen Sie mit den hinteren Hühnern und arbeiten Sie sich von hinten nach vorne durch.

6 Den Hühner-Haufen auf dem Heu platzieren und die Eier gemäß Vorlage aufkleben.

Eieiei

Bunte Spiegeleier

MATERIAL
- Reste Tonkarton in Weiß, Gelb, Gelb mit weißen Tupfen, Gelb-weiß kariert, Rot mit weißen Tupfen, Rot mit Kringeln, Petrol-weiß kariert und Petrol gezackt
- Reste Schnur in Rot-weiß
- Holz-Marienkäfer, ø ca. 12 cm
- Heißkleber
- Lochzange

VORLAGEN
Vorlagenbogen B

1 Übertragen Sie alle Vorlagenteile mithilfe von Transparentpapier auf Tonkarton und schneiden Sie alle Teile aus (siehe So wird's gemacht).

2 Kleben Sie die Eidotter auf die entsprechenden Eihälften und fixieren Sie den Käfer mit Heißkleber auf einem der Eier.

3 Mit der Lochzange in jedes Ei, ca. 1 cm vom oberen Rand entfernt, ein Loch (Durchmesser passend zur Schnur) stanzen. Schnur als Aufhängung einziehen, verknoten und Ihren Osterstrauß dekorieren.

Unser Tipp für Sie

Auch als Geschenkanhänger oder Tischkärtchen auf der Osterkaffee-tafel verbreiten diese bunten Ostereier gute Laune!

Von Herzen

mit den Bremer Stadtküken

MATERIAL

- Tonkarton in Dunkellila, 35 x 35 cm
- Tonkarton in Lila Polkadots, 30 x 25 cm
- Reste Tonkarton Weiß, Lila, Gelb, Grasoptik, Pink gestreift, Gelb mit Kringelmuster, Weiß mit bunten Punkten, Weiß mit bunten Tupfen, Gelb mit weißen Punkten und Pink Metallic
- Rest Velourspapier in Gelb
- 2 Federn in Schwarz mit weißen Punkten
- Margeritenblüte in Rosa, 3 cm
- Fineliner in Schwarz
- Lackmalstift in Weiß, ø 0,8 mm
- Heißkleber
- Wellenschere

VORLAGEN
Vorlagenbogen B

1 Übertragen Sie alle Vorlagenteile mithilfe von Transparentpapier auf Tonkarton bzw. Velourpapier und schneiden Sie alle Teile aus (siehe So wird's gemacht). Das dunkellilafarbene Herz mit der Wellenschere ausschneiden.

2 Die unifarbenen Teile mit Buntstiften schattieren und die Augen mit Fineliner und Lackmalstift auftragen.

3 Die Gans und die Küken gemäß Vorlage zusammensetzen. Dabei die Flügel der Küken auf der Rückseite befestigen. Die Federn der Gans auf der Rückseite mit Heißkleber fixieren.

4 Die beiden Teile des inneren Herzens in Lila und Gras-Optik so auf dem großen Herz in Dunkellila fixieren, dass die beiden geraden Kanten aneinanderstoßen und ein gleichmäßig breiter Rand vom großen Herz zu sehen ist. Die Gans und anschließend nacheinander die Eier an der Oberkante der Grasfläche befestigen. Den Streifen in Pink auf den Übergang Gans/Eier zum Gras kleben.

5 Platzieren Sie die drei Küken mit Hilfe der Vorlage über den Eiern und zeichnen Sie die Beine und restlichen Linien mit Fineliner. Das letzte Küken im Gras befestigen und die Blume mit Heißkleber daneben fixieren.

Unser Tipp für Sie

Schneiden Sie das dunkellilafarbene Herz erst mit der Wellenschere aus, wenn sie die beiden Teile des inneren Herzens aufgeklebt haben. So können Sie die Breite des Randes gestalten, wie es Ihnen am besten gefällt.

Lustiger Besteckhalter

mit Hase und Huhn

MATERIAL

- Huhn: Rest Tonkarton in Weiß, Rosa, Rot und Gelb Polkadots
- Rest Velourspapier in Orange
- 3 bunte Federn
- Kartonstreifen Ostereiermuster, 4 cm breit, ca. 24 cm lang
- Hase: Rest Tonkarton in Weiß, Dunkelbraun und Rosa
- Rest Velourspapier in Weiß
- Pompon in Rot, ø 12 mm
- Kartonstreifen Hasenmuster, 3,5 cm breit, ca. 24 cm lang
- je 1 Schaschlikspieß
- Fineliner in Schwarz
- Lackmalstift in Weiß, ø 0,8 mm
- Wellenschere
- Heißkleber

VORLAGEN
Vorlagenbogen A

1 Übertragen Sie alle Vorlagenteile mithilfe von Transparentpapier auf Tonkarton bzw. Velourpapier und schneiden Sie alle Teile aus (siehe So wird's gemacht)

2 Die unifarbenen Teile mit Buntstiften schattieren und die Linien mit Fineliner und Lackmalstift auftragen.

3 Beim Hasen die Ohrinnenflächen, den Schwanz und die Augen befestigen und Pompon mit Heißkleber als Nase fixieren.

4 Aus rosafarbenem Karton ein Schild mit Wellenschere ausschneiden (ca. 7,5 x 4,5 cm) und beschriften. Fixieren Sie mit Heißkleber den Schaschlikspieß auf der Rückseite.

5 Beim Huhn die Augen, den Schnabel, den Kamm und die Beine befestigen und die Federn mit Heißkleber auf der Rückseite fixieren. Beschriften Sie das Schild und fixieren Sie es ebenfalls mit Heißkleber auf dem Schaschlikspieß.

6 Jeweils den zugehörigen Papierstreifen um den Hasen bzw. das Huhn legen, an den Seiten falten und auf der Rückseite überlappend zusammenkleben. Achten Sie dabei darauf, dass etwas Platz für Serviette und Besteck ist.

Frohe Ostern

Oster- Geschenkbox

aus Eierkartons

MATERIAL

- Eierkarton für 6 Eier (Etiketten vorsichtig ablösen)
- Reste Tonkarton in Weiß, Beige, Orange, Grün, Blau, Hellgrün, Pink, Rosa, Pink Metallic, Petrol mit weißen Tupfen, Gelb mit weißen Tupfen, Orange mit weißen Tupfen, Orange-Weiß kariert, Bunt geringelt, Petrol gezackt und Pink mit weißen Tupfen
- Mini-Streuteil aus Holz Osterei, ø 15 mm hoch oder Ei aus einem gemusterten Karton ausgeschnitten
- Fineliner in Schwarz
- Lackmalstift in Weiß, ø 0,8 mm

VORLAGEN
Vorlagenbogen A

1 Übertragen Sie alle Vorlagenteile mithilfe von Transparentpapier auf Tonkarton und schneiden Sie alle Teile aus (siehe So wird's gemacht).

2 Die unifarbenen Teile mit Buntstiften schattieren und die Linien und Pupillen mit Fineliner auftragen. Die Lichtpunkte mit Lackmalstift auf die Pupillen tupfen.

3 Die Karotten zusammensetzen, dem Hasen die Nase und Ohrinnenflächen aufkleben. Beim Huhn ebenfalls alle Teile anbringen. Das Herz auf das grüne Ei kleben und mit Fineliner verzieren.

4 Den petrolfarbenen Karton entlang der vorgesehenen Falzlinien falten. Fahren Sie hierfür mit der Rückseite des Cutters die Linien vorsichtig und mit wenig Druck entlang eines Lineals nach. So lässt sich der Karton leicht falten und Sie erhalten schöne und gerade Kanten. Passen Sie bei Bedarf die Rundung des gefalteten Kartons an die Rundung des Eierkartons an.

5 Das Schild für die vordere Lasche beschriften, dabei das O mit dem Streuteil ersetzen.

6 Die einzelnen Motivteile gemäß Vorlage auf die mittlere Fläche des petrolfarbenen Kartons kleben, das Schild auf der Verschlußlasche anbringen und den Karton auf dem Deckel des Eierkartons befestigen.

7 Für die Innenseite des Deckels zuerst den Streifen gemäß Vorlage auf den petrolfarbenen Karton kleben, danach das Herz darüber fixieren. Im Deckelinneren befestigen.

Unser Tipp für Sie

Verwenden Sie den hübsch gestalteten und mit Süßigkeiten gefüllten Karton als Geschenkverpackung oder als Deko auf Ihrer Ostertafel!

Ostergrußkarte

mit Hase

MATERIAL

- Tonkarton Holzbretter-Optik, 11 x 32 cm
- Reste Tonkarton in Weiß, Beige, Rosa, Rot, Dunkelbraun, Weiß mit bunten Tupfen, Grün mit weißen Tupfen, Türkis mit weißen Blümchen, rosa mit pinken Tupfen und Gelb-Weiß kariert
- Kunstgras-Papier, 11 x 1 cm
- Pompon in Rot, ø 7 mm
- Fineliner in Schwarz
- Lackmalstift in Weiß, ø 0,8 mm
- 3D-Klebe-Pads
- Wellenschere

VORLAGEN
Vorlagenbogen A

1 Übertragen Sie alle Vorlagenteile mithilfe von Transparentpapier auf Tonkarton bzw. Velourpapier und schneiden Sie alle Teile aus (siehe So wird's gemacht). Schneiden Sie einen zusätzlichen Streifen aus Tonkarton in Weiß mit bunten Tupfen in 11 x 1 cm zu. Dabei verwenden Sie an einer Längsseite eine Wellenschere.

2 Die Augen und Linien mit Fineliner und Lackmalstift aufmalen. Beim Käfer das Gesicht und die Punkte mit Fineliner gestalten. Das Schild beschriften und mit Linien verzieren.

3 Den Hasen gemäß Vorlage zusammensetzen. Dabei darauf achten, dass zuerst der Marienkäfer aufgeklebt und anschließend die Füße darüber fixiert werden. Nun die Ohren an der Rückseite befestigen und den Pompon mit Heißkleber fixieren. Orientieren Sie sich dabei an der Vorlage bzw. dem Foto.

4 Die Karte in der Mitte falten. Fahren Sie hierfür mit der Rückseite des Cutters an der entsprechenden Stelle vorsichtig und mit wenig Druck an einem Lineal entlang. So lässt sich der Karton leicht falten und Sie erhalten schöne und gerade Kanten.

5 Den Streifen mit der Wellenkante am oberen Rand der Karte befestigen. Die Eier gemäß Vorlage aufeinander und dann auf die Karte kleben und den Grasstreifen am unteren Kartenrand mit Heißkleber fixieren. Den Hasen so aufkleben, dass die Füße auf dem Gras sitzen. Das Schild mit 3D-Klebe-Pads neben dem Hasen befestigen.

Fröhliche Tulpen

als Blumenstecker

MATERIAL

- Reste Tonkarton in Grün und in Gelb-, Orange- und Rot-gemustert (je 2 unterschiedliche Muster, die zusammenpassen)
- je 1 Strohhalm aus Plastik in Grün-weiß gestreift
- Feinliner in Schwarz
- 3D-Klebe-Pads
- Heißkleber

VORLAGEN

Vorlagenbogen B

1 Übertragen Sie alle Vorlagenteile mithilfe von Transparentpapier auf Tonkarton und schneiden Sie alle Teile aus (siehe So wird's gemacht).

2 Alle Linien mit Feinliner zeichnen.

3 Befestigen Sie die mittleren Blütenblätter mit Klebe-Pads in der Mitte der äußeren Blütenblätter.

4 Anschließend fixieren Sie mit Heißkleber den Strohhalm als Blumenstiel auf der Rückseite der Blüten und die Blätter am Stiel. Achten Sie dabei darauf, dass die Blätter in einer Ebene zu den Blüten stehen und der Stiel auf der Vorderseite der Blätter zu sehen ist. Orientieren Sie sich dabei auch an der Abbildung.

Unser Tipp für Sie

Möchten Sie die Tulpen von beiden Seiten bestaunen, fixieren Sie noch eine zweite Blüte auf der Rückseite.

Eierbecher-Hase

passt auf seine Schätze auf

MATERIAL

- Reste Tonkarton in Weiß, Rosa, Pink, Lila, Braun, Rosa-flieder gestreift und Weiß mit bunten Tupfen
- je 2 Halbkugelperlen in Schwarz, ø 3–4 mm
- doppelseitiges Klebeband, ca. 6 mm
- Fineliner in Schwarz

VORLAGEN

Vorlagenbogen B

1 Übertragen Sie alle Vorlagenteile mithilfe von Transparentpapier auf Tonkarton und schneiden Sie alle Teile aus (siehe So wird's gemacht). Zusätzlich benötigen Sie noch pro Eierbecher einen farblich passenden Streifen in der Größe ca. 16 x 3,5 cm.

2 Kleben Sie zuerst die weißen Augen, die Nase und die Ohrinnenflächen gemäß Vorlage auf und zeichnen Sie die Barthaare mit Fineliner auf. Anschließend fixieren Sie die Halbkugelperlen als Augen.

3 Einen Streifen doppelseitiges Klebeband am rechten Rand des Streifens aufkleben. Damit können Sie den Streifen zu einem Ring schließen. Kontrollieren Sie mit einem Ei den Durchmesser, damit die Ostereier perfekt hineinpassen.

Unser Tipp für Sie

Basteln Sie für jedes Familienmitglied einen Hasen-Eierbecher in der Lieblingsfarbe, damit Ihr Frühstückstisch schön bunt dekoriert ist.

Hasen-Eier

oder Eier-Hasen?

MATERIAL
- Reste Tonkarton in Weiß, Beige, Rosa, Braun, Weiß mit bunten Tupfen, Rosa mit Punkten, Pink mit rosafarbenen Blumen, Petrol gezackt und Grün mit Kreisen
- je 1 Pompon in Pink, Rot und Grün, ø ca. 7 mm
- Fineliner in Schwarz
- Lackmalstift in Weiß, ø 0,8 mm
- Heißkleber

VORLAGEN
Vorlagenbogen A

1 Übertragen Sie alle Vorlagenteile mithilfe von Transparentpapier auf Tonkarton und schneiden Sie alle Teile aus (siehe So wird's gemacht).

2 Augen und Linien mit Feinliner und Lackmalstift auftragen.

3 Kleben Sie die Hasen hinter die jeweiligen Eierschalen. Beim rosafarbenen Hasen befestigen Sie ebenfalls noch die Ohrinnenflächen und das Herz gemäß Vorlage. Nun können Sie alle Augen aufkleben und die 3 Hasen miteinander verbinden. Orientieren Sie sich dabei an der Vorlage und dem Foto.

4 Zum Schluss fixieren noch mit Heißkleber die Pompons als Nasen und schon sind die 3 witzigen Ostergesellen in ihren Ostereiern fertig!

Niedliche Hasen-Girlande

Sags durch die Blume

- Reste Tonkarton in Gelb Polkadots, Gelb mit bunten Tupfen, Rosa Polkadots, Grün mit Kringeln, Bunt gestreift und Pastell-Regenbogen
- je 1 Pompon in Weiß, ø ca. 25 mm
- Geschenkband in Rosa, ca. 15 mm, Länge nach Wunsch
- Doppelseitiges Klebeband, ca. 1 cm breit
- Heißkleber

VORLAGEN
Vorlagenbogen A

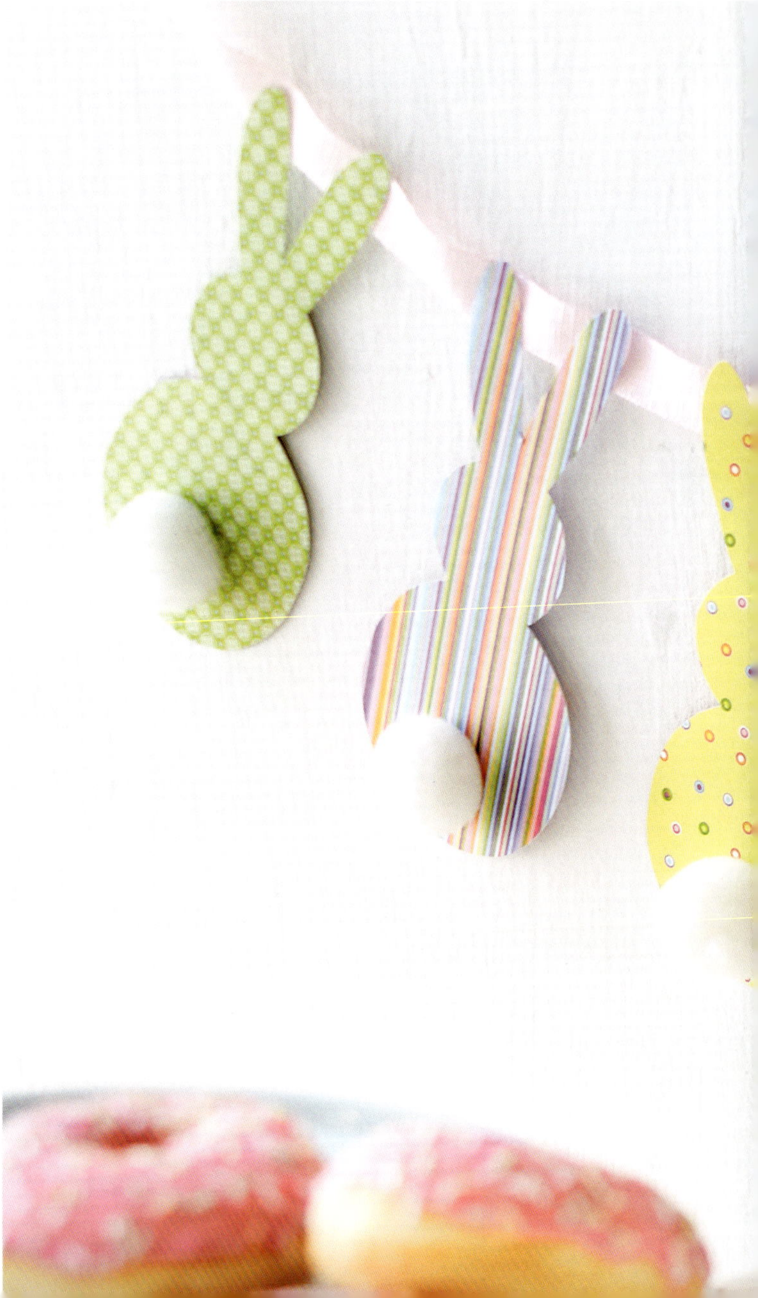

1 Übertragen Sie alle Vorlagenteile mithilfe von Transparentpapier auf Tonkarton und schneiden Sie alle Teile aus (siehe So wird's gemacht).

2 Mit Heißkleber je einen Pompon als Schwanz auf den Hasen fixieren.

3 Anschließend auf der Rückseite der Ohren je ein Stück doppelseitiges Klebeband befestigen und damit die Hasen auf dem Band fixieren.

Unser Tipp für Sie

Statt der Pompons als Schwanz können Sie die Hasen auch mit jeweils einem Buchstaben beschriften und daraus z. B. FROHE OSTERN bilden.

Frecher Vogel

zum Aufstellen

MATERIAL
- Reste Tonkarton in Gelb mit weißen Tupfen, Gelb-weiß kariert, Weiß mit bunten Herzchen, Rot mit weißen Tupfen und Rot mit Blümchen
- je 1 Halbkugelperle in Schwarz, ø 4–5 mm

VORLAGEN
Vorlagenbogen A

1 Übertragen Sie alle Vorlagenteile mithilfe von Transparentpapier auf Tonkarton und schneiden Sie alle Teile aus (siehe So wird's gemacht).

2 Den Vogel in der Mitte und den Flügel entlang der Falzlinie falten. Fahren Sie hierfür mit der Rückseite des Cutters an der entsprechenden Stelle vorsichtig und mit wenig Druck an einem Lineal entlang. So lässt sich der Karton leicht falten und Sie erhalten schöne und gerade Kanten.

3 Den Flügel gemäß Vorlage auf der Vorderseite des Vogels befestigen, den Schwanz und den Schnabel auf der Innenseite gegen die Vorderseite des Vogels kleben und anschließen die Halbkugelperle als Auge fixieren.

Unser Tipp für Sie

Möchten Sie die Vögel z. B. als Tischdeko verwenden, benötigen Sie noch ein weiteres Auge und jeweils ein Schnabel-, Schwanz- und Flügel-Teil, um es auf der Rückseite des Vogels zu fixieren.

Heike Roland und **Stefanie Thomas** sind nur im Autoren-Doppelpack unterwegs. Sie sind seit dem Jahr 2000 die Chef-Schafe der BLACK SHEEP COMPANY. 2004 erschien ihr erstes Buch im frechverlag. Seither sind sehr viele Bücher im Handarbeits- und Bastelbereiche von den beiden erschienen. Sie verbringen jede freie Minute mit z. B. Stricken, Häkeln, Sticken, Malen, Knüpfen, Basteln, Sägen und Entwerfen von praktisch-schönen Dingen mit dem für sie typischen Gute-Laune-Design. Beim Verwirklichen ihrer Bücher haben sie sehr viel Spaß und Freude.

TOPP – Unsere Servicegarantie

WIR SIND FÜR SIE DA! Bei Fragen zu unserem umfangreichen Programm oder Anregungen freuen wir uns über Ihren Anruf oder Ihre Post. Loben Sie uns, aber scheuen Sie sich auch nicht, Ihre Kritik mitzuteilen – sie hilft uns, ständig besser zu werden.

Bei Fragen zu einzelnen Materialien oder Techniken wenden Sie sich bitte an unseren Kreativservice, Frau Erika Noll.
mail@kreativ-service.info
Telefon 0711 / 123 757 20

Das Produktmanagement erreichen Sie unter:
pm@frechverlag.de
oder:
frechverlag
Produktmanagement
Dieselstraße 5
70839 Gerlingen
Telefon 07 11 / 8 30 86 68

LERNEN SIE UNS BESSER KENNEN! Fragen Sie Ihren Hobby-fach- oder Buchhändler nach unserem kostenlosen Magazin **Meine kreative Welt**. Darin entdecken Sie zweimal im Jahr die neuesten Kreativtrends und interessantesten Buchneuheiten.

Oder besuchen Sie uns im Internet! Unter **www.topp-kreativ.de** können Sie sich über unser umfangreiches Buchprogramm informieren, unsere Autoren kennenlernen sowie aktuelle Highlights und neue Kreativtechniken entdecken, kurz – die ganze Welt der Kreativität.

Kreativ immer up to date sind Sie mit unserem monatlichen **Newsletter** mit den aktuellsten News aus dem frechverlag, Gratis-Bastelanleitungen und attraktiven Gewinnspielen.

IMPRESSUM

FOTOS: frechverlag GmbH, 70499 Stuttgart; lichtpunkt, Michael Ruder, Stuttgart; Stefanie Thomas, Heike Roland (alle Arbeitsschrittfotos)
PRODUKTMANAGEMENT und LEKTORAT: Eva Schrecklinger
HERSTELLUNG: Konstanze Laue
COVERGESTALTUNG: Melanie Herrmann
GESTALTUNG: Fotosatz H. Buck
Druck: POLYGRAF PRINT spol. s r.o.

Penguin Random House Verlagsgruppe
FSC® N001967

1. Auflage 2023

© 2023 **frechverlag** GmbH, Dieselstr. 5, 70839 Gerlingen, einem Unternehmen der Penguin Random House Verlagsgruppe GmbH, München

ISBN 978-3-7358-5090-4 • Best.-Nr. 25090